SHOW DAD HOW
變身無敵奶爸
圖解手冊

SHOW DAD

變身無敵奶爸

大石文化 **Boulder** Publishing

HOW
圖解手冊

新手奶爸的156個錦囊妙計
讓你輕鬆成為無敵奶爸

作者：蕭恩‧賓　　翻譯：許妍飛

懷孕計畫

寶寶照護

快樂遊戲

🍎 準備

🌸 面對

玩耍

蕭恩的話

48　在捷運上接生

當父親不算什麼，會當爸爸才了不起。五萬多年來，任何人都能當父親，也都當了（只要有生育能力）。但當爸爸需要更堅忍不拔、全心投入和精益求精。音樂上有樂師和音樂家之別；戰場上有士兵和勇士之分；養育子女則有父親和爸爸的差異。

星際大戰的黑武士說：「路克，我是你的父親。」而非：「路克，我是你老爸。」

16　聰明採購

為了協助更多父親蛻變成爸爸，我特地替我們男人打造了這本書。為什麼呢？因為爸爸和媽媽是用截然不同的方式為人父、為人母。母親和嬰兒早在羊水破裂之前就在培養感情，媽媽在準備受孕和懷孕期間便調整飲食和生活方式，而爸爸多半在產房才與嬰兒建立情感。換言之，寶寶呱呱落地時，男人是第一天當爸爸，女人卻已當了462天的媽媽。

24　列出當爸爸前想做的事

由於爸爸有自己的路要走，所以需要一本專門的指導手冊——但不是動輒數百頁，寫得密密麻麻的磚頭書。

沖泡配方奶的正確方式 77

所以囉，這本容易上手、循序漸進的《變身無敵奶爸圖解手冊》就誕生了。（順便一提，整個過程是自然產，不需無痛分娩，也不用剖腹。）

真希望我家老大出生時，市面上就有這本書，讓我不必煩惱妻子懷孕時該吃什麼（#16）、如何為寶寶佈置安全無虞的家（#30）、如何打包住院時的行李（#42）。但本書內容並非侷限於基本知識，你想把手機改裝成嬰兒監聽器嗎？我們可以幫你（#72）。想要搞清楚寶寶大便顏色的意義嗎？我們正等你問呢（#81）。搭捷運時動了胎氣怎麼辦？我們也能助一臂之力（#48）。從沖泡配方奶（#77）到列出當爸爸前該做的事（#24），本書全幫你擬妥了因應之道。

我的父親出生時，我的爺爺並沒有上醫院。我出生時，我爸爸坐在候診室等待。傑克森和坦納呱呱墜地時，我正扶著妻子的腿。現代爸爸的角色仍在演變，他們需要更多資訊和啟發才能因應時代的轉變。我們不妨把《變身無敵奶爸圖解手冊》視為人類史上第二重要的工作的圖解手冊吧。

把手機改造成嬰兒監聽器 72

如何使用本書

本書提供的重要資訊，幾乎都以插圖的方式呈現。大部分圖案本身提供的資訊就很齊全了，但有些則需輔以一些額外資訊，幫助讀者理解。以下為本書呈現的方式。

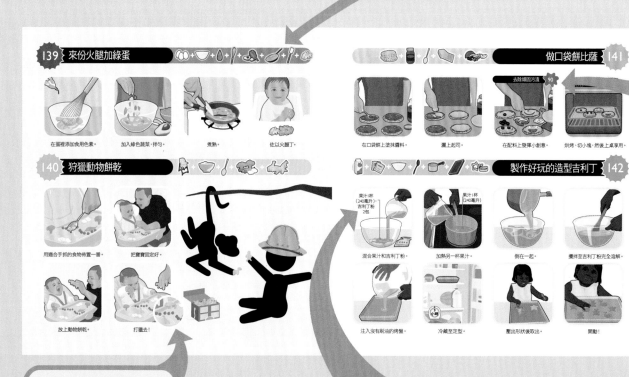

放大： 這些小圈圈會放大步驟中的重要細節，或顯示需詳加注意的關鍵點。

度量衡： 倘若度量單位很重要，就會出現在圖框中。

1杯　　　　　3英呎
（240毫升）　（1公尺）

工具：該活動需要的所有工具會標示在工具列上。要是看不懂，可以翻到本書最後查詢工具索引表。

交叉引用：我們會指出與該項內容相關的資訊。只要跟著連結走，就能找到相關或有趣的訊息。

去除頑固污漬　90

圖示指南：書中隨處可見一些有用的小圖示，解釋該怎麼做。以下為常見圖示：

 從事時間較短的活動時，可用計時器估算所需時間。

 將圖示動作重複指定的次數。

 該活動需要幾天、幾週或幾個月，都顯示在月曆上。

 好臭，快薰死啦！活動開始前，記得先開窗。

 有些動作需要在特定溫度下進行，所以要先查看溫度計。

 在*星號之後額外加註該步驟的實行方式和原因。

安全須知：從事書中的活動時，務必確保你和孩子的安全。以下是一些需牢記在心的安全準則：

· 無論在懷孕時或產後，媽媽想做消耗體力的活動前，必須諮詢醫生的意見，了解自己有沒有能力或適不適合進行該活動。不要讓她太累，並幫她分憂解勞。

· 活動進行時，無論如何不要讓孩子獨處、無人看顧。尤其涉及戲水的活動更要小心，不要讓孩子有溺水的風險。

· 把硬幣和糖果之類的小東西，收在寶寶拿不到的地方。任何小於1又3/4英吋（4.5公分）的物品，如橡膠氣球，甚至是一張紙，都可能導致窒息。有個很好用的經驗法則：任何小到能穿過捲筒式衛生紙捲的東西，都不適合給寶寶玩。

· 任何超過7英吋（18公分）長的繩子都要收好。絕不要讓孩子在無人看顧的情況下玩弄緞帶或細繩，以免發生窒息意外。

· 嘗試所有活動之前，都要先評估孩子的發育狀況，看看是否合宜。無論書寫用具或勞作材料，都要使用無毒產品，產品本身也必須通過適合寶寶年齡的安全測試。

· 若想知道居家環境對寶寶而言是否安全，請參考#30。舉例來說，一旦寶寶已經可以用手和膝蓋撐起身體，就要拿掉嬰兒床上的懸掛式玩具。

本書內容全都經過小心研究和查證，但本出版社無法保證，也不暗示或明示這些資訊絕對適用於所有人（或任何人）、所有情況或目的。訊息若有錯誤或疏漏，我們也無法負責。本書內容若直接、間接或在特殊情況下造成任何損害，讀者要為自己的行為負起全責，出版社無法擔待責任。不過講個小祕密，編童話的那部分（#153）應該是安全的啦！

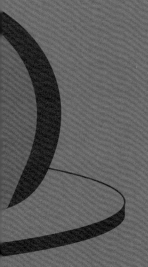

一顆比針頭還小的受精卵有一天會跟你借車鑰匙。很難想像吧？整個故事始於三億隻精蟲報名「我要活下去：輸卵管篇」實境秀，成為慓悍參賽者的那一刻。事先準備很重要，對準媽媽來說，這表示得看醫生、吃孕婦專用維他命和掌握生育週期。幸運的是，男人需要做的首要家務是努力讓另一半受孕，這可是男人一輩子最樂在其中的事（我講真的）。但你可別以為一開始勝利達陣後，就可以暫時退居幕後，等生產日時再現身。爸爸要比寶寶早9個月誕生，他的工作從驗孕棒呈現陽性反應時開始。

準備

如何知道自己準備好了？

喜歡與別人的孩子相處。

個人財務都規畫妥當。

60 讓寵物認識寶寶

把寵物當小孩疼愛。

身邊有支援小組。

尚克勞
或阿諾

開始在想寶寶的名字。

覺得懷孕的女人很辣。

另一半給你暗示。

+

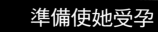

愈健康愈好。

戒掉惡習。

跟醫生討論。

檢查自己服用的藥物。

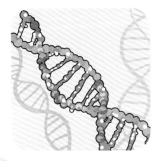

研究你的遺傳基因。

心如止水。

遠離不良影響。

練習做人。

建議做全身健康檢查，並與醫生討論你的計畫。

3　受孕體位

下列體位可以更深入，讓精液射入時更接近子宮頸，增加受孕機率。

傳教士式最容易成功。

後背式。

湯匙式。

保持男上女下。

避免直立式體位。

4　想生男孩

讓她吃富含鉀的食物。

做愛前先喝咖啡。

使用後背式體位。

排卵後做愛。

帶著Y染色體的精子游得比較快，但壽命較短。如果想生男孩，就要調整做愛過程，讓動作迅速的Y染色體精子順利達陣。

5　想生女孩

建議她吃富含鎂的食物。

做愛前先洗熱水澡。

使用傳教士體位。

排卵前做愛。

與攜帶Y染色體的精子相比，攜帶X染色體的精子游向卵子的速度較慢，且存活時間較長。如果想生女孩，就得幫這些慢吞吞的穩重精子營造有利環境。

在每個月的排卵期，卵巢都會排出一顆成熟的卵子。卵子如果在前往子宮的途中受精，就會著床。沒有受精的話，便會隨子宮內膜一起排出。

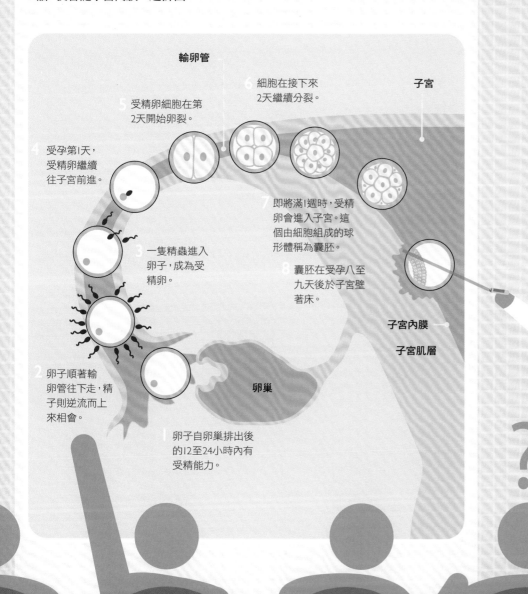

輸卵管

5 受精卵細胞在第2天開始卵裂。

6 細胞在接下來2天繼續分裂。

子宮

4 受孕第1天，受精卵繼續往子宮前進。

7 即將滿1週時，受精卵會進入子宮。這個由細胞組成的球形體稱為囊胚。

3 一隻精蟲進入卵子，成為受精卵。

8 囊胚在受孕八至九天後於子宮壁著床。

子宮內膜

子宮肌層

2 卵子順著輸卵管往下走，精子則逆流而上來相會。

卵巢

1 卵子自卵巢排出後的12至24小時內有受精能力。

?

辨識懷孕徵兆

她可能還不知道自己懷孕了，但是身體會不斷給予提示，下列徵兆可能暗示她有喜了。

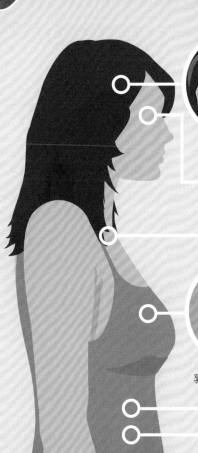

頭痛或暈眩。

突然間情緒波動。

渾身沒來由地熱起來。

乳房變柔軟或腫脹。

對味道或氣味非常敏感。

噁心想吐。

頻尿。

常在奇怪的時間不自主地想坐下或打盹。

得知喜訊後，用體貼而迷人的風度來迎接這一刻。

深呼吸。

擁抱她。

自我介紹。

一起慶祝。

9 克服擬娩症候群

你是否也覺得懷孕了？擬娩症候群是指準爸爸隨準媽媽一起經歷懷孕時的徵兆。這種「同情之痛」並不算罕見。

提防情緒突然變得很不穩定。

準備面對失眠的漫漫長夜。

當心孕吐。

107 隨時隨地都可以健身

留心體重暴增。

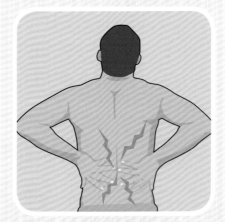

準備好承受背痛。

做好面臨焦慮時刻的心理準備。

父性的本能往往會促進特定大腦區域的活動。
下列區域的運作會讓你搖身一變，成為一位好爸爸。

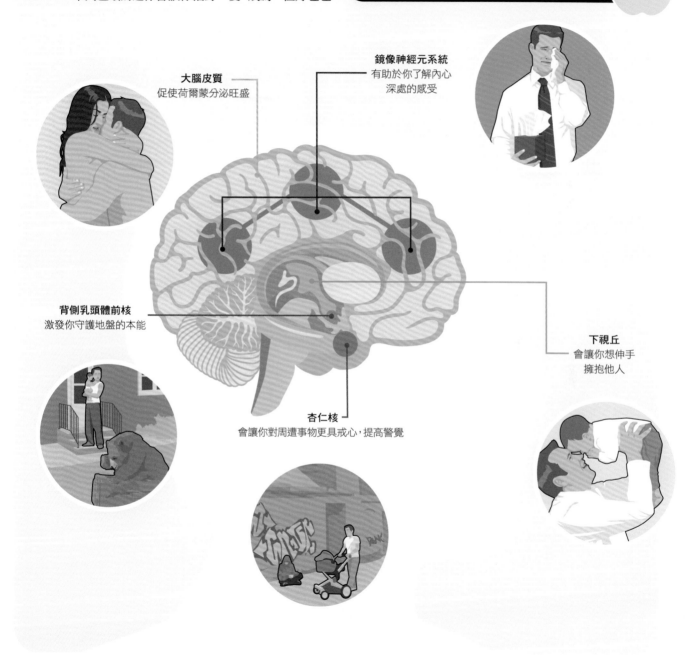

鏡像神經元系統
有助於你了解內心
深處的感受

大腦皮質
促使荷爾蒙分泌旺盛

背側乳頭體前核
激發你守護地盤的本能

下視丘
會讓你想伸手
擁抱他人

杏仁核
會讓你對周遭事物更具戒心，提高警覺

當個超級老爸

做粗重的工作。

清理貓砂。

幫忙更多家務。

59 短暫來訪,賓主盡歡

管制訪客流量。

處理緊急狀況。

體貼入微,善解人意。

髮量變多。

視力可能改變。

感官更敏銳。

牙齦變軟。

胸部變超大。

容易胃灼熱。

可能會變得比較活潑聒噪。

雙腳可能變大。

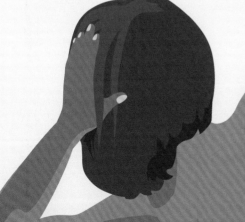

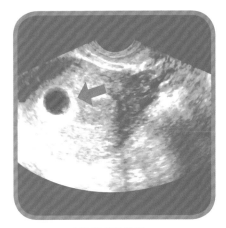

找出胎兒的位置。

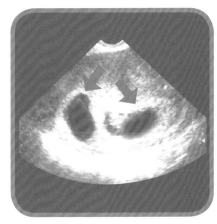

看看是不是雙胞胎。

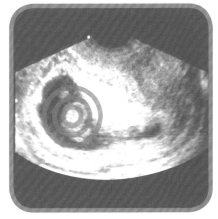

偵測心跳。

14 掌握胎兒的發育狀況

在9個月內，胎兒的大小會從一粒小種籽長成一個美式足球。身體也會在這段時間發育出重要器官和所有額外特徵，如小趾頭和牙胚。

第3—4週	第7週	第11週	第13週

器官開始發育。	手腳出現了。	器官開始運作；出現牙胚。	指紋成形。
罌粟籽	**骰子**	**高爾夫球**	**迷你漢堡**
0.08英吋（0.2公分）	0.6英吋（1.5公分）	1.6英吋（4.1公分）	3英吋（7.6公分）
0.01盎司（0.3公克）	0.04盎司（1公克）	0.3盎司（8.5公克）	0.8盎司（23公克）

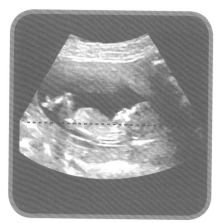

測量胎兒大小來判斷週數。

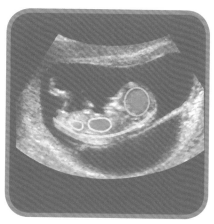

檢查器官發育狀況。

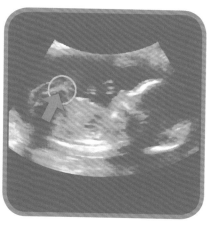

判定性別。

第15週	第17週	第19週	第22週	第36週
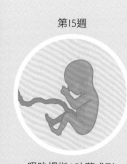		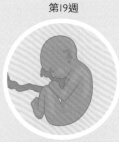		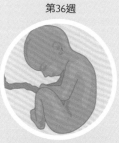
吸吮拇指；味蕾成形。	開始有臉部表情；出現指甲。	發展知覺；長出頭髮。	回應外界刺激；眼皮形成。	發育脂肪層；肺部準備呼吸。

肉桂捲 4英吋（10.2公分） 2.7盎司（76.5公克）	**玩具人偶** 5.1英吋（13公分） 4.9盎司（139公克）	**啤酒罐** 6英吋（15.2公分） 8.5盎司（241公克）	**棒球手套** 11英吋（27.9公分） 15.2盎司（431公克）	**美式足球** 18.7英吋（47.5公分） 5.8磅（2.6公斤）

15 擬定40週計畫

40週聽起來很久，但每個月往往咻地一聲就過去了。盡量趁現在多把細節打點妥當，等寶寶出生後就能更專心照顧。

第1—4週	第5—8週	第9—12週	第13—16週	第17—20週

 做愛。

 驗孕。

 討論並排定想做的產前檢查。

 公諸於世。

 繼續做。

 確定預產期。

 和親近的親友分享喜悅。

 讚美她的新曲線。

 更改遺囑或信託內容；購買壽險。

 埋頭苦幹。

 預約看診。

 蒐集關於生產和寶寶照護的書。

 開始列出可以考慮的寶寶姓名。

 報名生產課。

 多多益善。

 決定接生者（婦產科醫師和／或助產士）。

 幫孩子的媽分擔粗重勞務。

 認識其他準爸爸。

 研究得花上一筆錢的用品，如嬰兒床和推車。

 為寶寶播放你最愛的音樂。

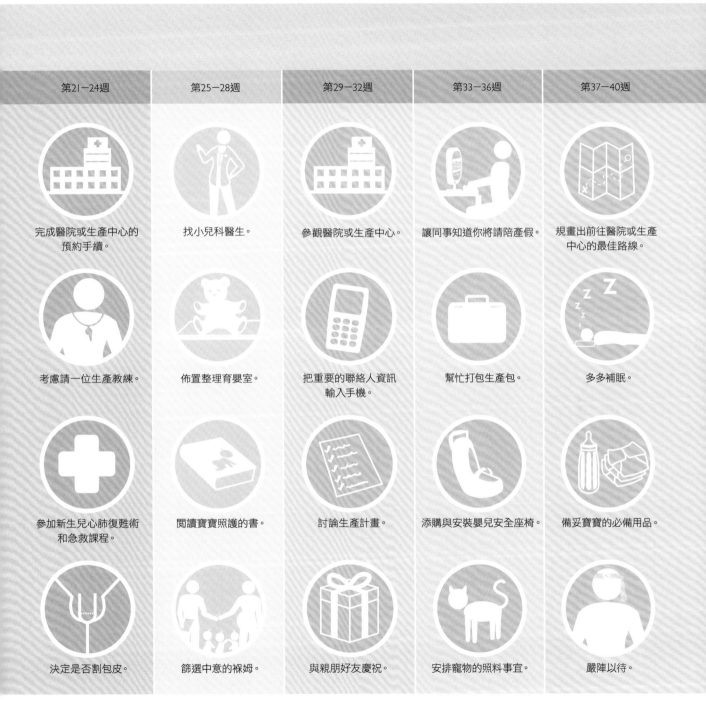

第21－24週	第25－28週	第29－32週	第33－36週	第37－40週
完成醫院或生產中心的預約手續。	找小兒科醫生。	參觀醫院或生產中心。	讓同事知道你將請陪產假。	規畫出前往醫院或生產中心的最佳路線。
考慮請一位生產教練。	佈置整理育嬰室。	把重要的聯絡人資訊輸入手機。	幫忙打包生產包。	多多補眠。
參加新生兒心肺復甦術和急救課程。	閱讀寶寶照護的書。	討論生產計畫。	添購與安裝嬰兒安全座椅。	備妥寶寶的必備用品。
決定是否割包皮。	篩選中意的褓姆。	與親朋好友慶祝。	安排寵物的照料事宜。	嚴陣以待。

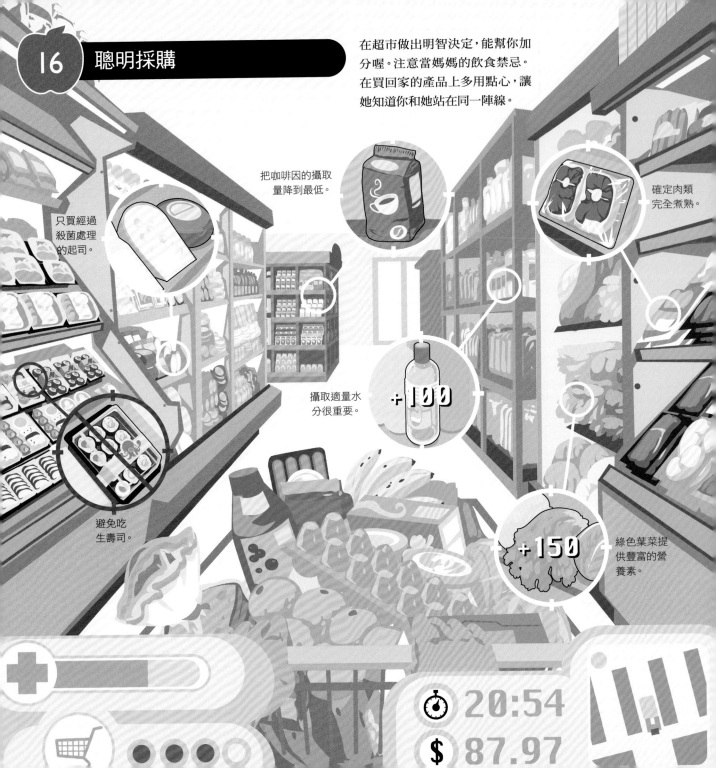

在超市做出明智決定,能幫你加分喔。注意當媽媽的飲食禁忌。在買回家的產品上多用點心,讓她知道你和她站在同一陣線。

把咖啡因的攝取量降到最低。

確定肉類完全煮熟。

只買經過殺菌處理的起司。

攝取適量水分很重要。

+100

避免吃生壽司。

+150 綠色葉菜提供豐富的營養素。

20:54

$ 87.97

警告：滿足媽媽的口腹之慾可能比參加硬漢大賽更不容易。下列是取代常見飲食喜好的健康食品，只不過有時仍只有正牌貨才解得了饞。

鹹零嘴

用香料調味的爆米花

香檳

氣泡西打

冰淇淋

優格霜淇淋

含咖啡因的汽水

氣泡礦泉水

巧克力

巧克力醬

生壽司

熟壽司或蔬菜壽司

糖果

水果乾

布瑞起司（一種白黴乳酪）

奶油起司

享受兩人時光

看在輸卵管的份上，盡情享受寶寶大駕光臨前的兩人時光吧！多去戶外活動！

一起運動。

享受美食。

相擁而眠。

游泳紓壓。

為支持的隊伍加油。

賭馬。

在園遊會上贏個大獎。

看電影。

不要潛水。

避免騎馬。

拒乘雲霄飛車。

略過可愛動物區。

檸檬水

萊姆汁

石榴糖漿

1 加入冰塊。

2 倒入杯中。

3 搖晃。

4 上桌。

20 大腹便便度假去 +

在懷孕36週前旅行。

讓她坐靠走道的位置。

規畫白天的活動。

享受獨處時光。

21 沐浴樂陶陶

水溫適中,不要太熱。

營造情調。

加些泡泡露。

洗去緊繃感。

天然春藥 22

催情用品在第五排貨架！參觀當地市場，
你會發現許多點燃愛火的健康食材。

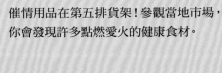

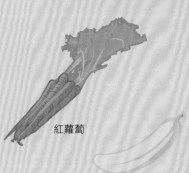

淋上巧克力醬的水果

松子

紅蘿蔔

蜂蜜

酪梨

香蕉

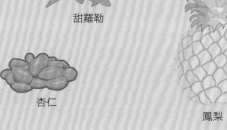
甜羅勒

大蒜

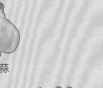

松露

薑

無花果

杏仁

鳳梨

懷孕時做愛 23

湯匙式。

女上男下。

減少壓迫。

雙手萬能。

利用寶寶誕生前的這段時光，做些你一直想做、卻不斷拖延的事。開始行動吧！你的活動期限是到生產那一天為止。

跑馬拉松。

與男性友人聚聚。

再拿一個學位。

參加大胃王比賽。

賭一把。

盡情睡到爽。

和心理醫生聊聊。

寫下寶寶出生前的回憶錄。

錄製個人專輯。

講一場單口笑話。

剪個搞怪的髮型。

催眠水牛。

參加牛仔競技賽。

完成一件藝術品。

學習衝浪。

接受武術訓練。

學好一樣魔術。

造一艘瓶中船。

拭淨牆面。

準備顏料。

放上模版描繪。

漆上背景顏色，置乾。

對齊模版。

廚房紙巾

用刷子輕拍，去除多餘顏料。

在模版上塗刷顏料。

拿掉模版，待乾。

用各式各樣的恐龍來點綴。

甜蜜蜜的杯子蛋糕。

加入海底世界的元素。

畫一頂皇冠。

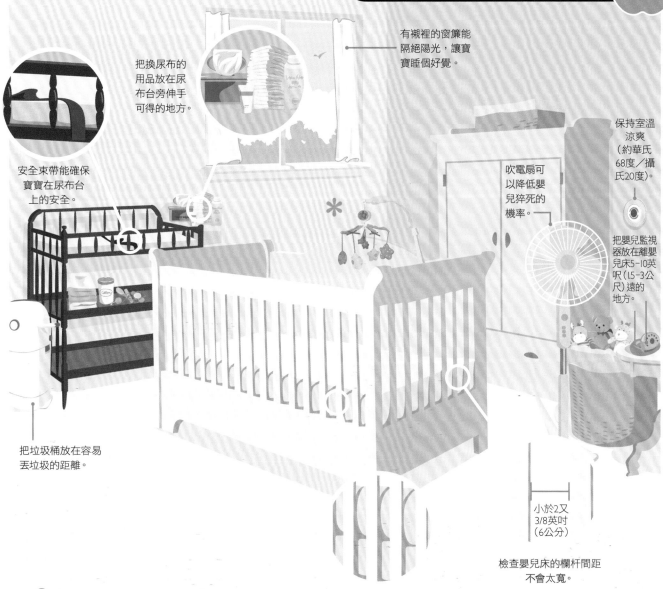

把換尿布的用品放在尿布台旁伸手可得的地方。

有襯裡的窗簾能隔絕陽光，讓寶寶睡個好覺。

安全束帶能確保寶寶在尿布台上的安全。

保持室溫涼爽（約華氏68度／攝氏20度）。

吹電扇可以降低嬰兒猝死的機率。

把嬰兒監視器放在離嬰兒床5-10英呎(1.5-3公尺)遠的地方。

把垃圾桶放在容易丟垃圾的距離。

小於2又3/8英吋（6公分）

檢查嬰兒床的欄杆間距不會太寬。

 懸掛旋轉式玩具的位置必須離寶寶至少1又1/2英呎（0.5公尺）遠。一旦寶寶會用手和膝蓋撐起身子，就得趕快收起來。

床墊必須緊貼欄杆。床單必須大小適中。把毯子、玩具、枕頭和圍床護欄放在嬰兒床外。

27 製作木頭積木

在優質松木板上標記號。

沿標線逐格切下。

砂磨整塊積木。

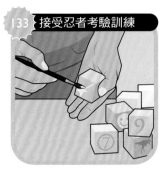
133 接受忍者考驗訓練

塗上無毒顏料。

28 製作旋轉式玩具

剪掉衣架水平部分的鐵絲。

尾端夾捲。

把鐵絲包起來。

安排好角度，用膠帶固定。

繪製花紋和形狀圖案。

把畫作貼在厚紙板上。

用束帶繫上。

掛在手搆不到的地方。

剝除絕緣層。

按圖示打結，避免電源線被拉開。

區分熱線和中性線。
熱線表面平滑，中性
線有壓紋。

分開電源線前端的兩股線路。

把熱線在金色螺絲下纏一圈。

飾頭
螺栓
燈飾架頂端
燈座外殼
燈座內部
打結（擔保人結）
燈座蓋
燈飾架底部
柱頸
防鬆螺帽
燈桿

把燈桿插進檯燈底座。

把中性線在銀色螺絲下纏一圈。

鎖緊所有螺絲，固定電線。

電源線穿過燈桿。

在玩具頂端和側邊鑽
裝電源線的穿透孔。
（使用適合檯燈底座
的鑽頭）

組裝插座。

12 插電。

避免寶寶受傷的關鍵，在於用寶寶的角度來思考。像寶寶一樣趴在地上爬行，從他的視野來找出家中的潛在危險。隨著寶寶長大，愈來愈好動時，繼續用此方式重複檢查。

浴缸放防滑墊。

書櫃固定在牆上。

安裝馬桶安全鎖。

電器拔下插頭，並與所有藥品收在高處。

低矮家具的尖角要加裝防護墊。

把電線藏好。

清潔用品要收在拿不到的地方。

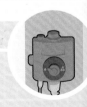

熱水器的溫度設在華氏120度（攝氏49度）

百葉窗的拉繩要收妥。

廚具的握柄朝內。

拆掉瓦斯爐開關。

安裝烤箱門安全鎖。

閒置的插座要裝絕緣蓋。

用安全柵欄把樓梯擋起來,並將
寵物隔絕在寶寶遊戲空間外。

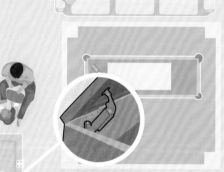

玩具箱的蓋子要裝上
安全絞鏈。

把易碎物品收在高處。

凡是能通過捲
筒式衛生紙捲
的物品,都要
收在拿不到的
地方!物品直
徑只要小於1
又3/4英吋(4.5
公分),就可
能讓寶寶誤食
窒息!

寫在啤酒杯上。

朝天空投射訊息。

驕傲地穿在身上。

烙印在牛排上。

在屋頂上昭告世人。

病毒式行銷。

繪製嬰兒圖像的麥田圈。

刺青。

開始存大學教育基金。

懷孕的日子轉瞬即逝，空閒時間也愈來愈寶貴，你必須讓親友時時了解近況，而部落格是讓大家掌握最新訊息的好方法。

把最新資訊錄製成網路廣播影片。

分享你中意的嬰兒禮品連結。

記錄媽媽大腹便便的變化過程。

秀出最新的超音波圖。

張貼一份月曆來倒數寶寶誕生的日子，向來很有用。

0到12個月大　　 12到24個月大　　睡得安全　　 攜帶方便

適用於推車及汽車的安全座椅

遮罩可以抵擋陽光

收納空間充足

多用途推車

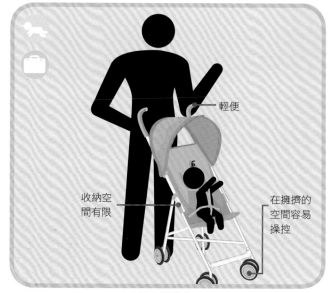

輕便

收納空間有限

在擁擠的空間容易操控

雨傘型推車

增進感情

隨時都要能看見寶寶的頭和臉

使用方便

親密背巾

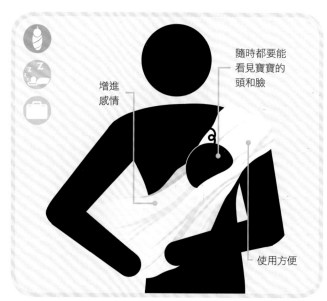

有些可以讓寶寶的臉朝後或朝前

空出雙手，行動更方便

寶寶的脖子必須能支撐自己的頭部重量

嬰兒背帶

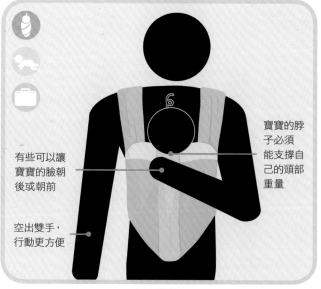

準備緊急修車裝備。

在汽車安全座椅上掛玩具。

準備零食。

裝看寶寶專用的後照鏡。

後車廂的常備物品 92

把嬰兒濕紙巾放在手邊。

安裝衛星定位導航系統和手機架。

你不需要為了家庭新成員專程添購新車。只要記住關鍵的安全裝置，並用簡單方式來改造，成為帶寶寶出門的最棒交通工具。

休旅車

✔ 家庭成員增加時還有位置可坐。
✔ 滑軌側門方便上下車。
✔ 不能耍帥。

運動休旅車

✔ 堅固耐撞。
✔ 並非真的需要運動。
✔ 選擇省油的車款。

四門房車

✔ 十分省油。
✔ 停車方便。
✔ 裝寶寶用品的空間較小。

35 為寶寶命名

查看族譜。

了解名字的含意。

追本溯源。

探究歷史。

不管你想取什麼名字,記得在拍板定案前多唸幾遍。
適合寶寶的姓氏嗎?大聲唸出來時好不好聽呢?

36 找小兒科醫生

請教親朋好友。

縮小口袋名單。

確認保險公司是否承保。

了解合作的醫院。

從大自然找靈感。

放眼四海。

參考流行文化。

標新立異。

避免和車子同名。

不可以喝茫了找靈感。

不要跟寵物同名。

別取舊情人的名字。

確認門診時間。

檢視候診室。

了解休診時的就診規定。

與醫生會面。

承認吧！沒有人想帶著無趣的寶寶一起現身。下列物品可以幫整體服裝加分，讓你的寶寶成為吸睛焦點！

球衣

超讚墨鏡

動感連身裝

大男孩的工作褲

浪漫的蓬蓬裙

超酷鞋款

時髦的公雞頭

手套狂

38 製作專屬轉印衣

挑選圖案。

列印在織品轉印紙上。

用熨斗燙上去。

展示你的創作。

研究顯示，嬰兒在出生前就能辨識他們聽見的聲音和音樂。這時，不妨多放古典樂，把瑞典的死亡搖滾留到青春期時再介紹。撫摸也是培養感情的好方法。輕拍與按摩會凝聚一家人的感情。

輕輕按摩媽媽
和寶寶。

聆聽寶寶的心跳聲，會讓你立刻與
寶寶建立起情感。

與寶寶分享你
最愛的音樂。

大聲閱讀。寶寶對在子宮裡時
聽見的聲音情有獨鍾。

請摯愛的人和寶寶說話。寶寶在日後會從
他們熟悉的聲音中舒緩情緒。

媽媽感受到胎動時，輕打一個
節奏，等待回應。

40　留意產兆

忙著打點一切。

背痛。

羊水破了。

陣痛的頻率固定。

41　在醫院的穿著

你在醫院會扮演多種角色，包括新聞祕書、家庭聯絡人和打雜小弟，也會與媽媽和寶寶共享許多休憩時光。以下兩種打扮皆適合上述任一情境。

打扮整齊好招呼突然來訪的親友。

有領襯衫看起來有精神。

牛仔褲讓你看起來很俐落。

穿休閒帆船鞋。

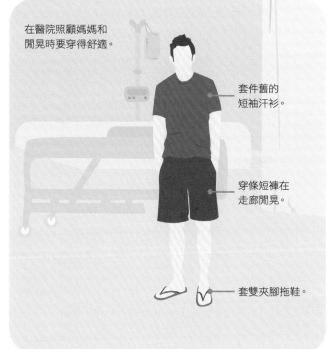

在醫院照顧媽媽和閒晃時要穿得舒適。

套件舊的短袖汗衫。

穿條短褲在走廊閒晃。

套雙夾腳拖鞋。

上醫院時，你們兩人都需要從家裡帶些東西。用一個攜帶方便的小行李袋裝準媽媽的用品，再拿另一個袋子裝較大件用品（和身為男性需要的全部用品）。

寶寶的衣服

生產球

通訊錄

醫院附近的地圖

手機和充電器

現金和投販賣機用的零錢

按摩精油和網球

MP3播放器和充電座

尿布包

梳妝用品

洗髮精和體香膏

牙膏牙刷

手錶

零食

汽車安全座椅

撲克牌

相機和電池

手提電腦

準爸爸

洗髮精和體香膏

硬糖果

書報雜誌

衛生棉

眼鏡和相關用品

護唇膏

洗手乳和護手霜

美髮用品

哺乳內衣

生產衣

浴袍和拖鞋

醫療相關文件

備用內褲

出院回家要穿的衣服

懶人鞋

準媽媽

挑戰：找出前往醫院的最佳路線。不要遺漏重要細節，事先勘查地形和執行地域搜索，會讓你節省大量時間，消除龐大壓力。

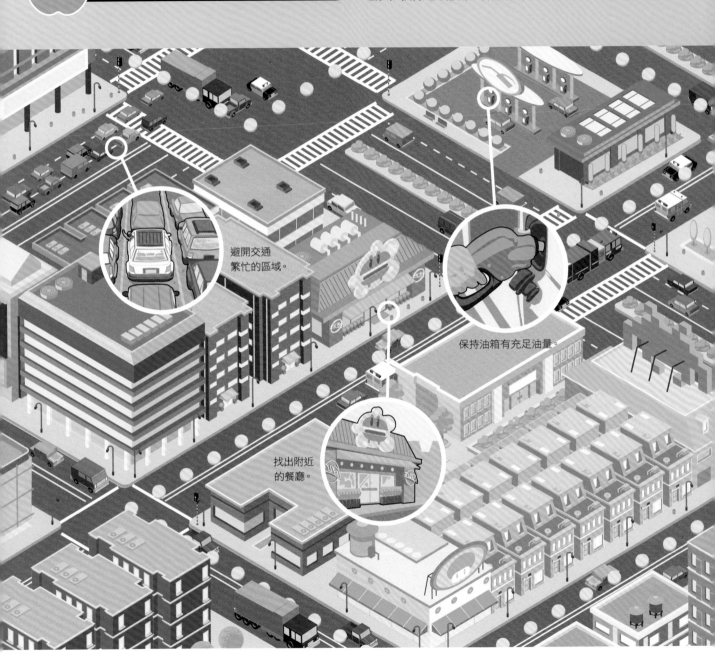

避開交通繁忙的區域。

保持油箱有充足油量。

找出附近的餐廳。

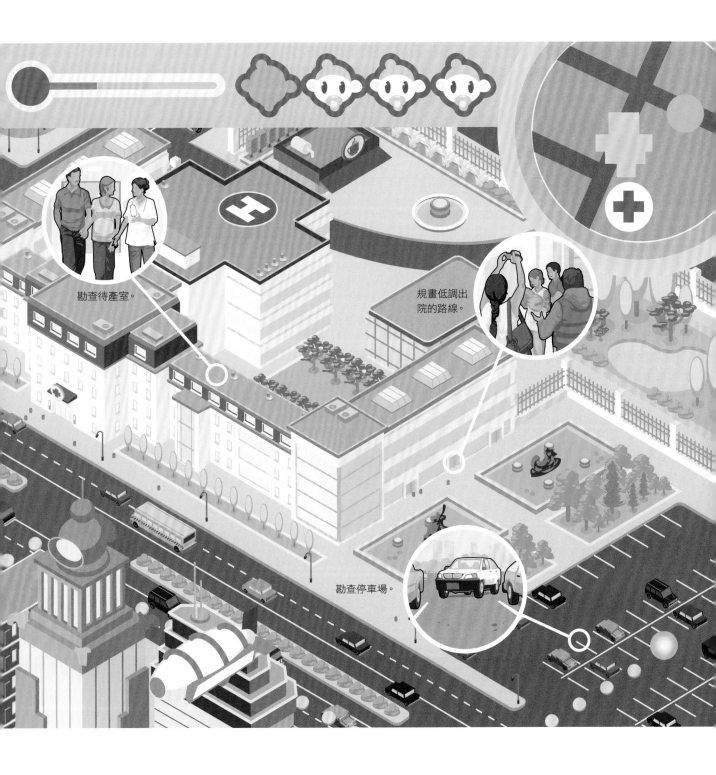

勘查待產室。

規畫低調出院的路線。

勘查停車場。

想像自己被聘為飛行員，卻從未受過訓練。「機艙在這兒，好好把我們送到休士頓吧！」帶新生兒回家正是這種感覺。挑戰來得又急又猛，解決一個，馬上迸出另一個。下面是常見狀況：寶寶吐在自己身上。「哇！怎麼會這樣？」換上乾淨衣服之前，你先幫他換尿布。「等一下……便便應該是這種顏色嗎？」你努力把寶寶在空中揮舞的手臂塞進睡衣袖子裡，但是他大哭大鬧，幫他穿衣服似乎讓他更煩躁。「我做錯什麼了嗎？」類似的狀況會造成「蟠龍花瓶症候群」，亦即爸爸怕寶寶受傷而不敢照顧。幸運的是，知識是最好的解藥，而第一劑就在下一頁。

面對

身為超級老爸的任務才剛開始而已！利用下列這些實用有趣的活動，來對抗產痛、無聊和壓力。

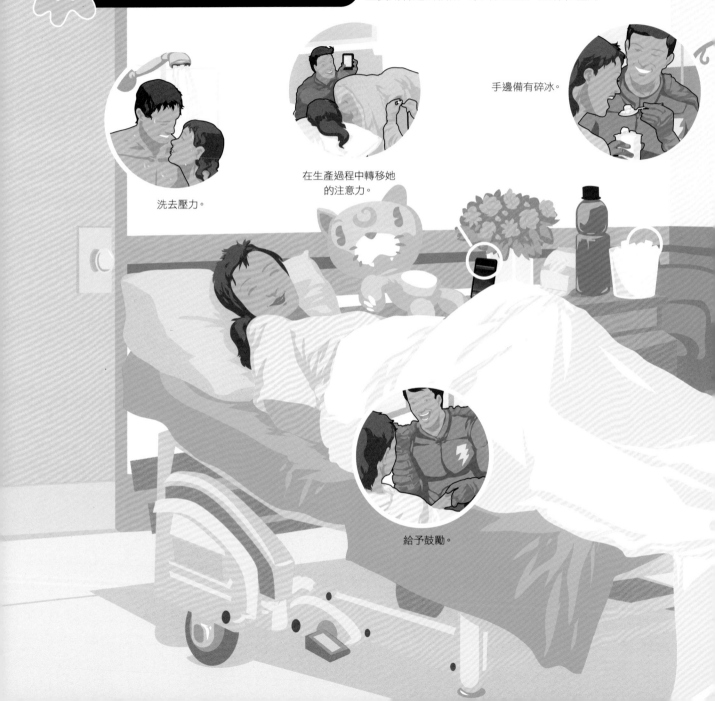

洗去壓力。

在生產過程中轉移她的注意力。

手邊備有碎冰。

給予鼓勵。

向親友報告
近況。

玩牌打發時間。

按摩消除
背痛。

利用生產球來減緩疼痛。

沿著走廊散步。

跳支慢舞來給予支持，讓她放鬆。

陣痛狀態		子宮頸開口	要點
初期 間隔15－20分鐘	持續30－45秒	開始擴張	通知醫生。 練習呼吸運動。 鼓勵媽媽多走動。
初期 間隔5分鐘	持續30－45秒	4公分	打電話通知親近的親友。 上醫院。 不要慌張。
活躍期 間隔3分鐘	持續60秒	4－8公分	建議疼痛管理的選擇。 在這個階段的初期，如果被院方送回家時，不要太驚訝。
過渡期 間隔2－3分鐘	持續60－90秒	10公分	多多包容——她現在正痛到最高點。 準備與寶寶見面了。

可能進行無痛分娩，減緩不適。

在出力時陪她做呼吸運動。

準備迎接寶寶。

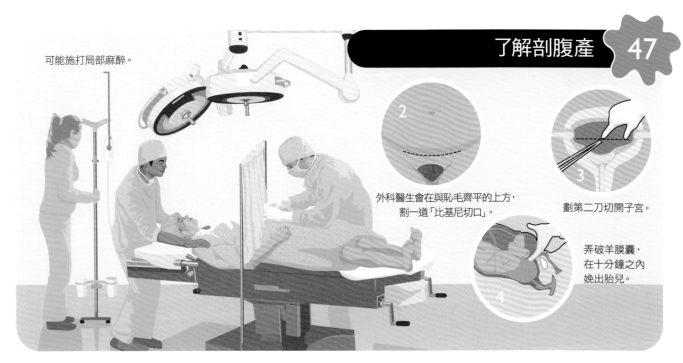

可能施打局部麻醉。

外科醫生會在與恥毛齊平的上方，割一道「比基尼切口」。

劃第二刀切開子宮。

弄破羊膜囊，在十分鐘之內娩出胎兒。

+

找出下一個主要停靠站。

善用地心引力。

輕輕接住寶寶。

擦拭寶寶臉部。

把臍帶綁一個結。

抱在懷裡,保持溫暖。

可能的話,開始餵母奶。

走出車站回到地面層。

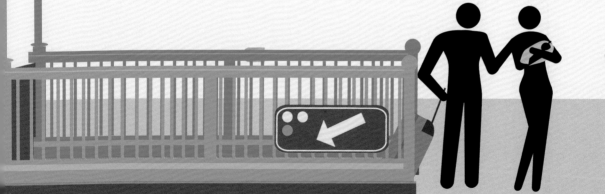

在電梯裡接生　49

播放抒情音樂讓媽媽放鬆。

按下
「緊急」
鈕。

在音樂聲中呱呱墜地　50

記得幫寶寶買件
演唱會紀念衫。

把她一路
傳送到醫護站。

邊上益智節目邊生　51

馬上開始
存大學教
育基金！

以主持人的
名字為寶寶
命名。

生在世界末日時　52

避免求助
殭屍助產士。

不用擔心弄得到處
髒兮兮。

寶寶出生後，如果意外在他身上看到
胎毛、隆起或胎記，你不必過度緊張。

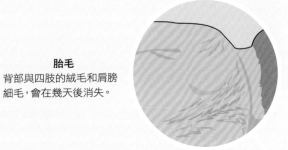

胎毛
背部與四肢的絨毛和肩膀
細毛，會在幾天後消失。

蒙古斑
這些類似淤青的
大塊斑點是無害的黑色素斑。

膚色改變
隨著寶寶的血液循環功能變強，
原先呈暗紫色的手腳就會有
血色。若情況沒有改善，
則需看醫生。

腫脹
胸部和生殖器會腫
脹，是因媽媽的荷
爾蒙所引起。

胎斑
寶寶泡在羊水時，這層白色油油的物質可以保護皮膚。

頭部變形
經過產道時的擠壓力道會把頭部拉長，一、兩天內就會恢復正常。

送子鳥叼痕
粉紅斑或紅斑，會隨時間淡去。

粟粒疹
這種小白點亦稱嬰兒痘，是因皮脂阻塞所引起。

五官扁平
眼腫和鼻塌只是暫時現象。

哭泣時沒有眼淚。

把他們的腳放在平面上，他們會向前邁步。

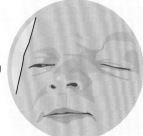

他們的視力是0.1。

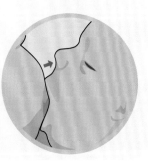

可以同時呼吸和吞嚥。

55 用飛機宣布喜訊

歡迎安寶寶的誕生

56 在比賽中場休息時大肆宣告

是女孩！

57 為新生兒舉杯慶祝

58 通知左鄰右舍

是男孩！

短暫來訪，賓主盡歡 **59**

請訪客洗手。

把寶寶放在等待的雙手上。

讓寶寶躺在小小孩的大腿上。

請小朋友摸摸腳趾頭。

 讓寵物認識寶寶 **60**

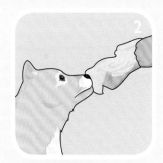

讓寵物先接觸其他寶寶。

給寵物聞寶寶的衣服。

先跟寵物打招呼，再把寶寶帶進來。

抱著寶寶；安撫寵物。

抱寶寶的方式

搖籃式抱法
方便把寶寶抱著搖來搖去。

橄欖球式抱法
可以空出一隻手臂。

120 進行俯臥訓練

趴式抱法
可以算做是俯臥時間。

直立式抱法適合散步。

把寶寶包起來

把寶寶包起來，亦稱為「寶寶潤餅」。可以在最初幾個月安撫小寶寶，讓他回想起子宮裡的溫暖舒適。

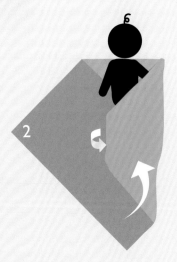

不可以當成隨身音響扛在肩上。

不可以抓起來搖來盪去。

不可以抱太用力。

不可以裝在袋子裡。

寶寶和大人一樣，有自己的個性，也有情緒變化。
開始觀察，一一發現吧！

「緊張大師」
佩瑞斯·威廉

「火爆小子」
羅斯·沛瑞茲

吉爾·「好好
先生」·布拉克

行為特點

很怕陌生人。

讓你無法好
好參加家族
聚會。

門鈴一響就
嚎啕大哭。

照顧要訣：他和人數較少的團體相處時，
比較不會鬧脾氣。

行為特點

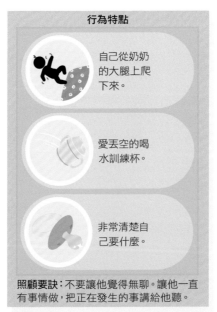

自己從奶奶
的大腿上爬
下來。

愛丟空的喝
水訓練杯。

非常清楚自
己要什麼。

照顧要訣：不要讓他覺得無聊。讓他一直
有事情做，把正在發生的事講給他聽。

行為特點

和鄰居野餐時
容易跟大家打
成一片。

在工地旁
也睡得著。

不挑食，
什麼都吃。

照顧要訣：多帶他參加活動，但不要把他
累壞了。

寶寶不會說話，但是會藉由聲音和肢體語言來
溝通。仔細觀察這些透露訊息的暗示吧。

我受太多
刺激了。

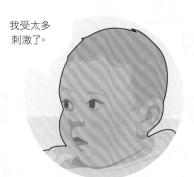

轉移注視焦點

我好累，可能
要鬧脾氣了。

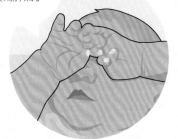

揉眼睛

我要
溢奶了。

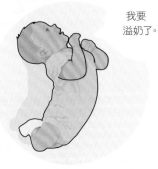

拱起背來

我嚇到了，
抱抱我吧。

驚嚇反射

來聊天吧。

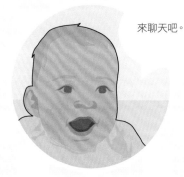

發出咕咕聲

我可能在
便便喔。

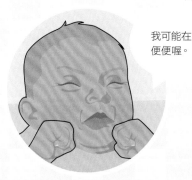

結屎面

我不舒服！

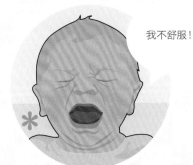

痛苦的哭

馬上餵我！

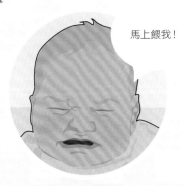

飢餓的哭

聲音有時和肢體語言一樣重要。痛苦的哭聲持續較久，也較大聲，
並維持一樣的音高。飢餓時的哭聲比較短促，聲音較低。

65　與時髦老爸來往

把寶寶打扮得比大部分的大人還帥氣。

花很多錢買寶寶用品。

把龐克樂當搖籃曲聽。

66　碰到緊張老爹

一直詢問育兒建議。

尿布包裡塞飽飽。

在托兒中心的接送區徘徊。

67　和推崇環保的爸爸相處

散發一股濃濃的印度薄荷香。

育嬰室的東西全是天然材質。

自己做有機嬰兒食品。

68　和長不大的爸爸玩耍

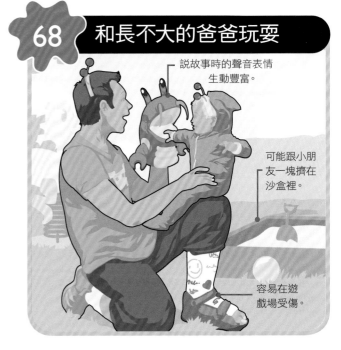

說故事時的聲音表情生動豐富。

可能跟小朋友一塊擠在沙盒裡。

容易在遊戲場受傷。

給她一份驚喜之禮。

送花。

幫忙家務。

獻唱一曲。

讓媽媽喘口氣 70

幫媽媽們安排一場午後活動。

動員其他當爸爸的。

讓媽媽們放一天假。

和爸爸去遊戲場玩 125

和哥兒們同樂。

牢記看診時間。

查看購物單。

出門時傳訊息給寶寶。

用手機播放音樂安撫寶寶。

用衛星定位導航的功能找路。

隨時隨地秀出你的照片。

撥通電話。

在寶寶身旁放另一隻手機。

戴上耳機,調高音量。

維持連線。

錄下家人大聲叫罵的內容。

落跑前偷偷設定電話鬧鈴。

站在主人旁邊。

佯裝接聽電話(鬧鈴)。

趁機開啟預錄的叫罵內容。

不得已,答應家人回家。

道歉並告辭。

需要時可重複使用。

餵母奶時的支援

對媽媽來說，照顧寶寶像是份全職工作。雖然你沒有能分泌乳汁的乳房，但最起碼可以讓她盡量舒服些。

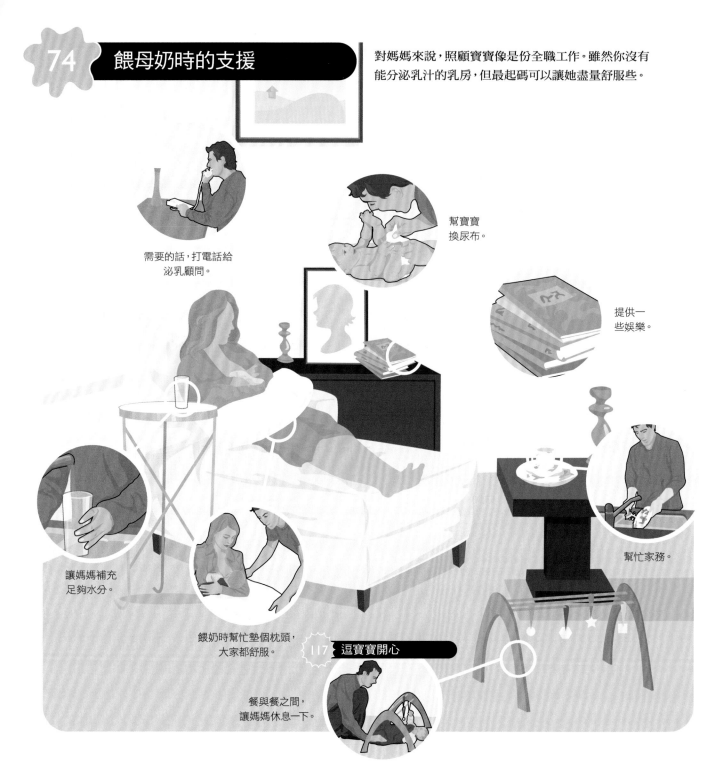

需要的話，打電話給泌乳顧問。

幫寶寶換尿布。

提供一些娛樂。

讓媽媽補充足夠水分。

餵奶時幫忙墊個枕頭，大家都舒服。

幫忙家務。

117 逗寶寶開心

餐與餐之間，讓媽媽休息一下。

讓寶寶的頭維持抬高姿勢。

時時拍嗝。

抱直寶寶。

觀察寶寶的暗示。

 無論你多小心，寶寶一定會吐奶。隨手準備一條拍嗝布，
不要驚慌失措。大多數的寶寶過了半歲後，吐奶次數就
會愈來愈少。

放一條拍嗝布。

讓寶寶就定位。

輕揉或輕拍寶寶的背……

……直到打出嗝來！

 寶寶如果沒有每次都打嗝，不用擔心。如果她在4分鐘後
仍未嗝氣，也許就是不需要，想停手就停吧。

使用純水。

用攪的,不要用搖的。

一次準備一餐的份量。

餵寶寶喝奶。

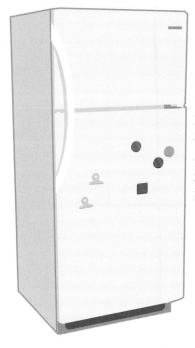

儲存方式正確的話,冷凍母奶可以放三到六個月。解凍之後必須在24小時之內喝掉。新鮮母奶可以在冷藏室放五天。

用兩層袋子裝母奶。

冷凍。

用溫水解凍。

攪拌母奶,讓熱度均勻。

第一次使用前要先消毒。

檢查滴乳速度。

確定牛奶是溫熱的,不是燙的。

拿著奶瓶,不要撐在寶寶身上。

調整角度,避免產生氣泡。

喝奶時和喝完後要拍嗝。

換邊餵。

用洗碗機或在水槽洗淨。

奶嘴破損時要換新的。

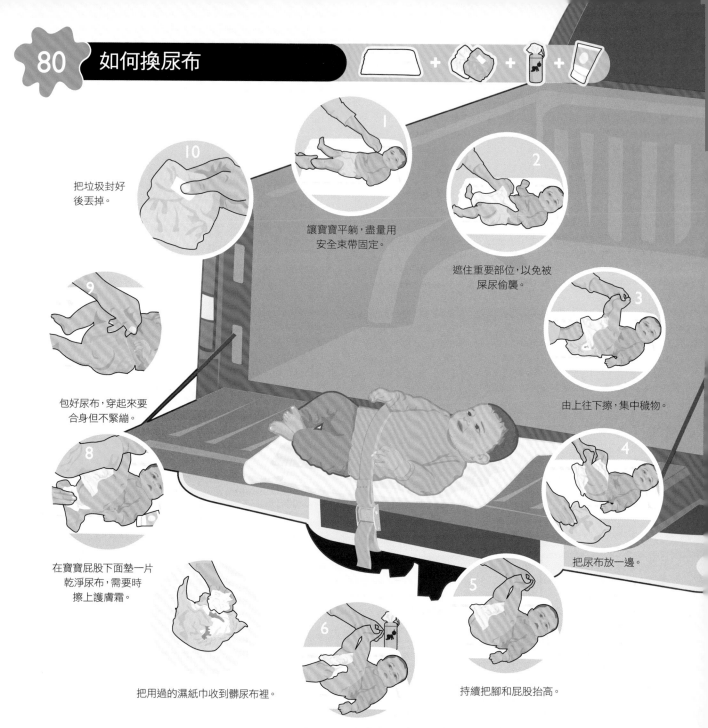

把垃圾封好後丟掉。

讓寶寶平躺，盡量用安全束帶固定。

遮住重要部位，以免被屎尿偷襲。

由上往下擦，集中穢物。

包好尿布，穿起來要合身但不緊繃。

把尿布放一邊。

在寶寶屁股下面墊一片乾淨尿布，需要時擦上護膚霜。

把用過的濕紙巾收到髒尿布裡。

持續把腳和屁股抬高。

從前往後擦，皮膚皺摺處也要記得擦。

這種顏色正常嗎？不要驚慌！寶寶的便便有各種與大人不同的顏色，隨年齡增長後就會改變。

深墨色
胎便的顏色，寶寶的第一坨便便

芥末黃色
喝母奶的寶寶的常見便色

黃中帶綠
喝配方奶的寶寶的常見便色

紅色
可能是無害的殘留血液，也可能是嚴重問題，請小兒科醫生檢查

白色
很罕見，可能是肝功能出問題，請小兒科醫生檢查

嬰兒濕紙巾

尿布疹護膚霜

備用衣服和毯子

玩具

安撫奶嘴

奶瓶

尿布包和換尿布墊

估算每小時會用兩片尿布，另加備用尿布

塑膠袋

書

給較大寶寶吃的零食

消毒所有被弄髒的物品表面。

讓寶寶站著換尿布。

在旁邊準備一桶肥皂水。

爆尿布了？買較大號的尿布或換品牌。

臨時變出一個尿布台。

用外套把穢物包起來。

尿布之外再穿一件大一號的尿布。

用膠帶把尿布黏緊。

甜食可能造成消化不良。

把已經太小的尿布拿來擦車。

嬰兒防曬用品很適合敏感
性肌膚使用。

把尿布包變成手提電腦包。

拿手邊的嬰兒濕紙巾來
擦儀表版。

嬰兒食品空罐適合用來收小東西。

嬰兒油可以幫忙解開拉鍊。

超級老爸總是足智多謀。東西不
夠用時,他知道如何從一般的嬰
兒用品中找到好用的替代品。

電解質補充液可以消除宿醉。

嬰兒零食是低卡低脂的美味食物。

幫新生兒擦澡

以鼻子為中心,向外擦拭。

清潔所有皮膚皺摺處。

趾間也要擦。

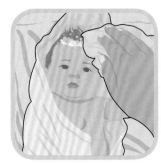

用濕毛巾洗頭。

86 幫寶寶沐浴

華氏100度
(攝氏38度)

準備洗澡盆和洗澡用品。

支撐頭部和背部。

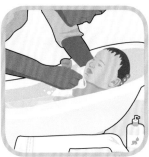

先洗臉。

從上往下洗身體。

加熱水,免得水太涼。

翻過來洗背部。

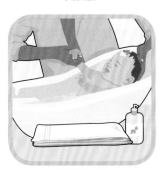

最後洗頭髮。

擦乾身體穿衣服。

等寶寶比較安靜的時候。

輕壓指腹，露出指甲。

剪圓弧形。

把不平處銼平。

 用無香料濕紙巾或清水來清潔。
出疹狀況嚴重時要看醫生。

勤換尿布。

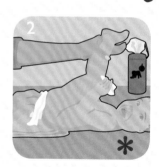

徹底清潔，拍拭至乾。

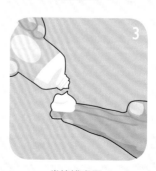

常擦護膚霜。

症狀復發時，讓屁屁充分風乾。

講到穿衣服時，安全舒適永遠是最夯的趨勢。
記得用正確方法讓寶寶穿得有型。

檢查尺碼標籤。

把手從袖子裡拉出來。

避免有抽繩的衣服。

不考慮鑲鉚釘或珠光
寶氣的衣物。

檢查鬆緊帶合不合。

把手指放在拉鍊下方。

用洋蔥式穿法幫寶寶穿衣服。

包腳連身睡衣讓生活更簡單。

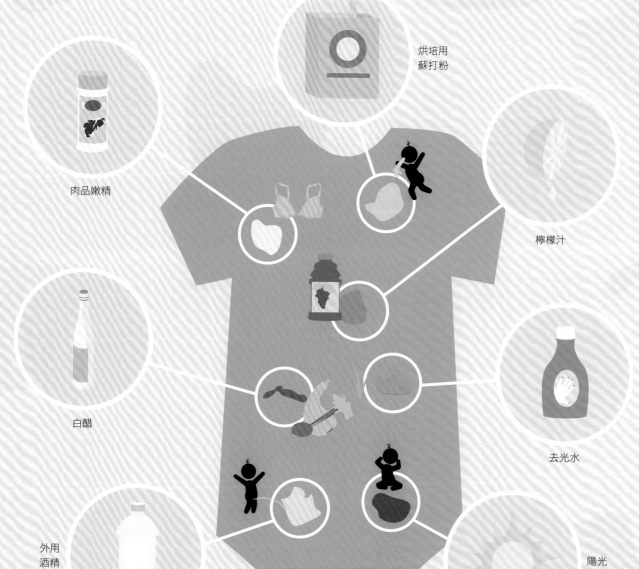

烘培用
蘇打粉

肉品嫩精

檸檬汁

白醋

去光水

外用
酒精

陽光

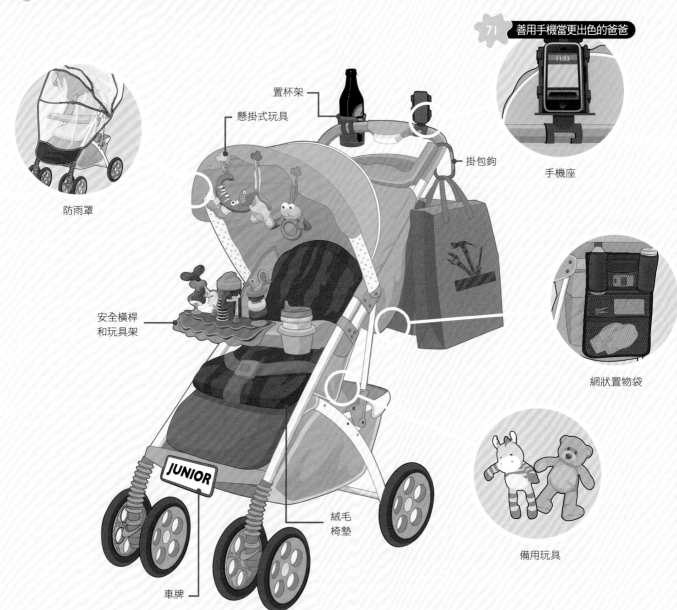

71 善用手機當更出色的爸爸

防雨罩

置杯架

懸掛式玩具

掛包鉤

手機座

安全橫桿
和玩具架

網狀置物袋

絨毛
椅墊

車牌

備用玩具

JUNIOR

雨傘

尿布疹護膚霜

防曬乳

濕紙巾

尿布

備用衣服

後車廂的常備物品　92

購物塑膠袋

垃圾袋

戶外玩具

嬰兒濕紙巾

室內玩具

毯子

瓶裝水

急救箱

搭飛機旅行　93

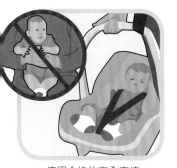
使用合格的安全座椅。

在登機門託運推車。

準備備用物品。

起飛時餵食。

在洗手間換尿布。

拿出新玩具轉移注意力。

哭鬧時起來散步。

降落時餵食。

94 在商店裡轉移寶寶的注意力

拿安全的物品讓寶寶聞一聞、摸一摸，刺激感官發展。

講出你要買的物品名稱，跟寶寶說你正在做什麼。

讓寶寶把摔不壞的物品放入籃子裡。

95 在觀眾席中娛樂寶寶

和寶寶玩「跟我一起這樣做」，鼓勵寶寶跟著模仿。

一起玩手指遊戲。

握拳，拇指藏在手心裡，然後「啪」一聲彈出來。

給寶寶一隻塞滿無聲小玩具的襪子。

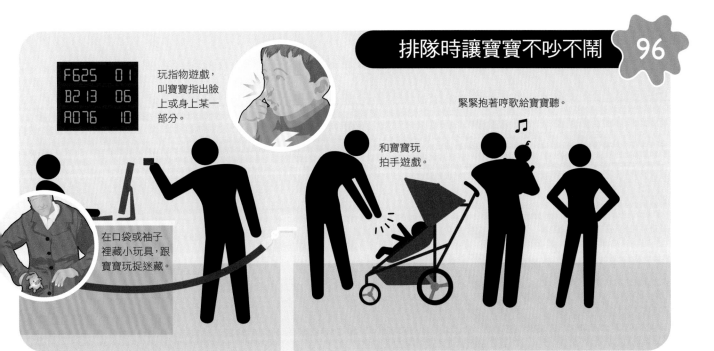

玩指物遊戲,叫寶寶指出臉上或身上某一部分。

緊緊抱著哼歌給寶寶聽。

和寶寶玩拍手遊戲。

在口袋或袖子裡藏小玩具,跟寶寶玩捉迷藏。

帶玩具電話去,讓寶寶接重要電話。

把鍵盤插頭拔掉,給寶寶隨意亂敲。

給寶寶鑰匙玩。

陪寶寶揉廢紙,丟進回收箱。

沙發坐墊翻面。

用吸塵器迅速清出一條路來。

開窗通風。

把東西塞進洗衣間。

把髒碗盤藏起來。

擦拭洗手台。

把雜物藏在浴簾後面。

利用寶寶轉移大家注意力。

99 製作寶寶牌抹布

裁剪抹布。

使用無毒膠水。

黏緊抹布。

拖地吧，寶寶！

外帶或外送食物可能不健康，也傷荷包。只要準備一隻烤雞，就能在幾分鐘內料理出簡單、健康的餐點。

烤肉醬

漢堡麵包

燒烤雞肉三明治

麵包丁

凱薩沙拉蔬菜包

雞肉凱薩沙拉

烤雞

墨西哥餅皮

起司

莎莎醬

雞肉薄餅

做口袋餅比薩 141

英式馬芬

番茄醬

起司

英式馬芬比薩

蔓越莓醬

填塞料

經典晚餐

101 與寶寶外出用餐

選擇適合全家去吃的餐廳。

避開用餐尖峰時段。

盡量選坐包廂。

繫上安全束帶。

102 對付不乖乖吃飯的寶寶

在地上鋪一塊墊子。

把寶寶固定在椅子上。

繫上圍兜。

用兩隻湯匙。

畫出安全區域。

準備寶寶的食物和飲料。

帶一些可以安靜玩耍的物品。

隨身攜帶一樣寶寶最愛的玩具。

給寶寶鴨嘴杯喝水。

食物切成小塊。

不勉強他吃不想吃的東西。

還是不吃?等會再試看看。

檢查需不需要換尿布。

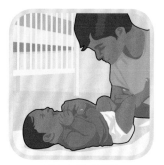

確定衣服不緊繃。

換個地方，到外面走走。

隨音樂搖擺。

吸地板（或烘衣服）。

61 抱寶寶的方式

換一個方式抱。

擁入懷裡，輕輕哼唱。

試著玩鏡子魔術。

104 哄新生兒入睡

製造白噪音。

幫寶寶暖床。

裹在有寶寶熟悉氣息的包巾裡。

讓寶寶躺直一點。

 +  +  +

在固定時間準備就寢。

洗舒服的溫水澡。

填飽肚子。

換上乾淨的尿布。

讓房間光線變暗。

唱搖籃曲。

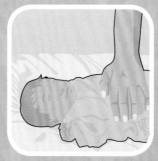
讓嬰兒平躺，輕輕安撫。

不管上哪兒都用這套儀式。

重複做同一件事可能讓你覺得有點無聊，但固定的就寢儀式可以讓寶寶知道何時該準備睡覺，幫助他靜下心來，培養睡意。一旦你建立了自己的模式，就盡量持續下去。

我們了解、非常了解：你跟其他新手父母一樣疲憊。寶寶不穩
定的睡眠模式搞得你呵欠連連，精神不濟，但又不能請假休
息。幸好這邊有一些訣竅讓你保持清醒。

沒辦法保持清醒
時就靠邊停車。

不要讓自己太舒服。

大聲聽音樂。

嚼口香糖。

在眼皮上畫眼睛騙不了人。

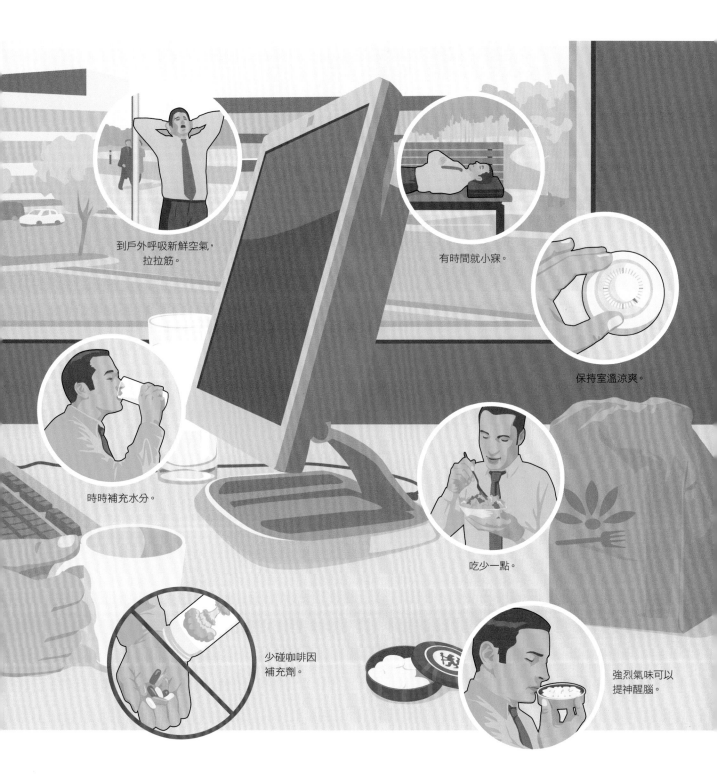

到戶外呼吸新鮮空氣，
拉拉筋。

有時間就小寐。

保持室溫涼爽。

時時補充水分。

吃少一點。

少碰咖啡因
補充劑。

強烈氣味可以
提神醒腦。

這個世界就是你的專屬教練！從公園到遊戲場，到處都可以用來運動和健身。而且，新鮮空氣對你和寶寶兩人都好。

拉單槓
沒看到單槓？利用強壯的樹幹來鍛鍊手臂吧。

改良式伏地挺身
找一個高度及腰的穩固物體。

用下沉式鍛鍊三頭肌
雙手撐在凸起的固定物體上，將身體撐起和降下。

靠牆蹲坐
靠著樹幹維持這個姿勢

伸展大腿後肌
運動前後都要把腿抬高拉筋。

側棒式
可以在任何平面上練習，鍛鍊腹肌。

踩腳踏車
找一塊高起來的平面，練習踩腳踏車的動作來增強腹肌力量。

用推車練弓箭步　108

邊做仰臥起坐邊玩捉迷藏　109

用寶寶鍛鍊二頭肌　110

抱學步兒扭腰　111

巧克力、生蠔和寶寶：哪一樣不是春藥？寶寶出生後，你可能要費一番努力才能找回浪漫的感覺，但是這樣做對大家都好。做愛可以消除壓力，增強免疫系統。不過請保持耐心：媽媽需要多些時間調適和找回性感的自己。

調情，不激情。

善解人意。

洗冷水澡。

轉移注意力。

拚命讚美她。

保持性感。

等個四到六週。

善用寶寶小睡的時間。

用潤滑劑。

一定要避孕。

乳房可能仍碰不得。

在笑聲中化解尷尬。

在超市、機場或前院，幾乎任何地方都可以玩。想玩就玩，例如讓洗衣籃在1.3秒內變成火箭！玩遊戲的另一優點是：玩法非常簡單。你不需要能教六種語言的玩具或令人眼花撩亂的閃卡，只要有球、箱子、泡泡之類的物品，或者用微笑來逗寶寶就行了。我們講過玩耍所帶來難以置信的好處嗎？你知道玩耍能促進動作技能、提高專注力和記憶力、培養社交發展和想像力嗎？玩遊戲對爸爸也有益處，這是堂堂大男人唯一能在一天內扮成馬匹、忍者和海盜的機會呢！玩耍對大家都有好處！

玩耍

0－3個月大	3個月大以上	6個月大以上	9個月大以上

寶寶飛行
減緩腹絞痛，
發展頸部和
肩膀的力量

吊床時間
促進平衡感，鍛鍊
背部和頸
部的力量

滾球
發展平衡感和協調性

堆積木
加強動作技能，增進形狀辨識力

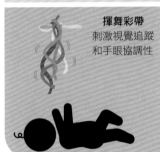

揮舞彩帶
刺激視覺追蹤
和手眼協調性

製造聲響
練習找尋聲音的
方位，教導因
果關係

漫步大自然
提供感官經驗

枕頭障礙步道
培養身體意
識，增進腳
眼協調性

伸手輔助。

把誘惑放在拿不到的地方。

把玩具放在10點和2點鐘方向。

蓋一座隧道。

12個月大以上	18個月大以上	24個月大以上	30個月大以上

追逐泡泡
促進手眼協調性，刺激觸覺發展

玩沙
提升精細動作的技能，
刺激觸覺發展

孩子自導的布偶秀
激發想像力，幫助語言
發展和社交技能

放大鏡
教導因果關係，豐富視覺體驗

模仿遊戲
培養感情，建立身體意識

塑膠罐搖鈴
激發創意動作，培養節奏感

洗澡時倒水
教導解決問題的方式，
提升精細動作的技能

角色扮演
激發創意，培養社交技能

鼓勵走路 116

給寶寶可以推的東西。

扶著寶寶的腰，加油！

脫掉寶寶的鞋子。

打光讓寶寶追逐。

扮鬼臉、發出好笑的聲音。

把柔軟的玩具由上往下丟在寶寶身旁。

吃寶寶的腳趾頭,還有搔癢。

伸出舌頭,用力「噗～～～」。

118 玩躲貓貓

藏住大部分的身體。

尋找發出音樂的玩具。

猜猜在哪個杯子裡。

東西藏在放上蓋子的容器裡。

把玩具藏在你背後。

拿浴巾蓋住玩具。

用鏡子玩遊戲。

「咦?不見了!」

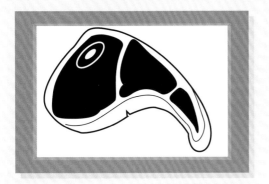

這些對比強烈的圖案最能夠吸引寶寶的目光。

在寶寶看得到的地方掛些黑白圖片。給寶寶玩的玩具也要是色彩鮮豔的。

慢慢擺動色彩鮮豔的玩具。

用模版畫展現個人風格 25

懸掛對比強烈的作品。

穿條紋裝!

慢慢把玩具拉過寶寶身邊。

讓寶寶有所支撐，視野更佳。

擺樣東西讓寶寶看。

肚子貼著肚子。

讓寶寶趴在腿上。

趴下來互相對看。

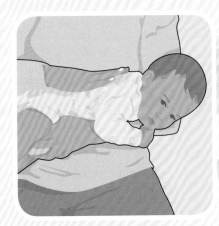

讓寶寶趴在你的手臂上。

俯臥訓練可以鍛鍊頸部和腰部的力量。如果寶寶可以環顧
四周的話，可能會覺得俯臥訓練滿好玩的，所以試著幫他
撐起身體。如果他還是會發脾氣，不妨等會兒再試。

仰臥起坐健身 121

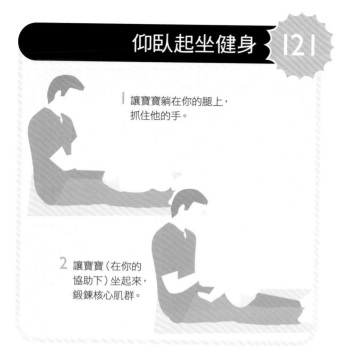

1 讓寶寶躺在你的腿上，
抓住他的手。

2 讓寶寶（在你的
協助下）坐起來，
鍛鍊核心肌群。

練習翻身 122

1 把寶寶放在毯子
或浴巾上。

2 慢慢拉起寶寶肩膀
下面的毯子邊緣。

練習用手肘倒立 123

1 讓寶寶躺在柔軟的平面上，
手肘放在肩膀下面。

2 慢慢抬起臀部和身體來鍛鍊
爬行的力量，再緩緩放下。

練習手推車式體操 124

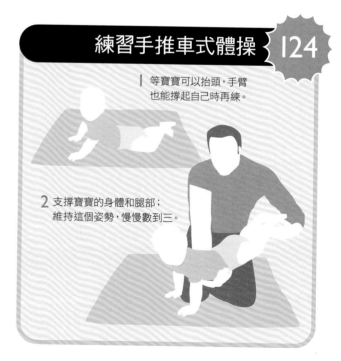

1 等寶寶可以抬頭，手臂
也能撐起自己時再練。

2 支撐寶寶的身體和腿部；
維持這個姿勢，慢慢數到三。

寶寶的脖子硬挺了之後，就可以盪鞦韆。

把毯子或外套捲起來，放在寶寶身後，可以加強支撐。

148 從泡泡中成長與學習

與學步兒玩追泡泡的遊戲。

協助寶寶爬樓梯，培養協調性。

引導寶寶溜滑梯。

把桶子裡的沙裝到滿出來，或者把玩具埋在沙子裡讓寶寶找。

多準備些玩具，以免小孩爭搶。

不要一起滑，以免受傷。

確定滑梯不會太燙。

永遠都由腳先著地。

準備冰桶，
以免動物來
找食物吃。

盡量選擇周
圍有欄杆的
遊戲場。

戴帽子遮陽。

在袋子裡準備
零食、玩具和
防曬用品。

穿工作褲，
方便隨手
放東西。

穿運動鞋，
方便跟著寶
寶到處跑。

嘎！

重複一些單音字。

嗚嗚
嗚嗚！

四目接觸；模仿聲音。

接著加
牛奶。

說明你的動作。

哈囉！

使用手勢。

吉他！

說出看到的東西。

有三張
皇后。

數數兒。

馬兒在
說什麼？

問問題。

接線生
在嗎？

假裝講電話；重複話語。

吃。

手指併攏，輕拍嘴巴。

喝。

假裝拿杯子喝水。

還要。

手指併攏，輕輕拍手。

把拔。

張開手輕輕拍頭。

面對寶寶坐著。

從腋下抱住他。

問寶寶準備好了沒？

倒數計時，準備起飛！

身體往後躺，舉起寶寶。

保持目光接觸。

放下寶寶，降落。

再飛一次。

緊緊抱住寶寶。

把寶寶舉起來。

輕輕盪向右邊。

再輕輕盪向左邊。

從家用品中找樂子

把日常家用品變成很好玩的玩具。
發揮一些想像力，讓小惡魔玩個痛快。

擊垮收納盒。

踩爆紙袋大樓。

滾滾大賽。

玩襪子沙包。

推倒積木塔。

坐洗衣籃出遊。

敲打鍋碗瓢盆。

150 製作紙箱車等玩具

蓋紙箱堡壘。

看球賽。

享受野外生活。

聽演唱會。

逛園遊會。

參加遊行。

參觀特展。

去科學博物館玩。

去動物園認識動物。

先禮後兵。

神出鬼沒。

踢走障礙物。

溜進要塞。

134 觀察孩子的發展里程碑

寶寶會隨著年紀增長而愈來愈懂事，行動能力也愈來愈好……而且比智力發展快多了。以下是一般寶寶的行動能力發展里程碑。請記得，你的寶寶會用他自己的步調來學習走路和爬行。

1個月大
俯臥時頭稍可抬起

2－3個月大
倚著前臂抬起頭來

3個月大
可以抬頭和撐起上半身

3－4個月大
俯臥時可以翻成平躺的姿勢

4－5個月大
在支撐下可以坐著

5－6個月大
自己坐著

登上無人能及的高峰。

推倒玩具塔。

用空手道把餅乾劈成兩半。

領取獎賞。

6－11個月大
從慢慢匍匐
前進到橫衝直撞

7－10個月大；
把自己撐起來；
扶著家具或小推車走路

10－14個月大
自己站著

12－14個月大
自己走路

14個月大以上
走得很好，還會拉玩具

聆聽雨水落在雨傘上
的滴滴答答聲。

停下來仔細
觀察雨中世界。

回家後煮一些暖和身體
的食物吃。

盡情弄濕吧！
等一下再擦乾就好了。

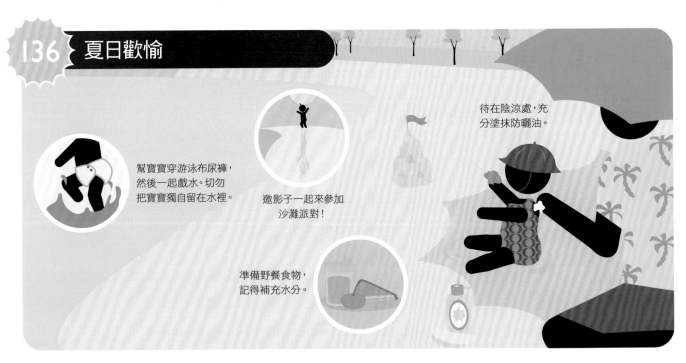

待在陰涼處，充
分塗抹防曬油。

幫寶寶穿游泳布尿褲，
然後一起戲水。切勿
把寶寶獨自留在水裡。

邀影子一起來參加
沙灘派對！

準備野餐食物，
記得補充水分。

一面探索一面
收集寶藏。

一起接住落葉。

躺在葉子堆裡
觀看秋季天空。

踩過窸窸窣窣的枯葉，
踢起落葉，任它飄落。

留下腳印和雪
天使的圖樣。

捕捉雪花。

拿廚房用的保鮮盒製作雪磚。

帶寶寶坐雪橇穿過雪地。

139 來份火腿加綠蛋

在蛋裡添加食用色素。

加入綠色蔬菜，拌勻。

煮熟。

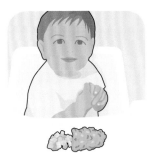
佐以火腿丁。

140 狩獵動物餅乾

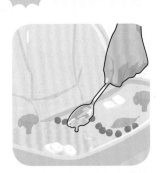
用適合手抓的食物佈置一番。

把寶寶固定好。

放上動物餅乾。

打獵去！

在口袋餅上塗抹醬料。

灑上起司。

去除頑固污漬 90

在配料上發揮小創意。

烘烤、切小塊，然後上桌享用。

果汁1杯
（240毫升），
吉利丁粉2包

混合果汁和吉利丁粉。

果汁1杯
（240毫升）

加熱另一杯果汁。

倒在一起。

攪拌至吉利丁粉完全溶解。

注入沒有刷油的烤盤。

3小時

冷藏至定型。

壓出形狀後取出。

開動！

把土倒入桶子。

加水攪拌。

倒進錫箔烤模，放在太陽下曬乾。

綴以鮮花。

先把表面填平。

多挖一些沙子。

把沙堆起來，加水塑型。

裝飾並挖一條護城河。

吹泡泡。

舀水、攪拌、倒水。

撈玩具。

讓鴨子衝出水面。

用噴水瓶淋浴。

讓寶寶戴幼兒蛙鏡
來克服深水恐懼。

在浴缸兩側貼上
各種形狀的泡綿。

玩具和洗澡用品放在手邊。
不要把寶寶單獨留在澡盆。

146 在雪地畫畫

把食用色素添入水裡。

倒入噴霧瓶。

噴在雪上。

盡情創作！

147 用嬰兒食品畫畫

收集「顏料」。

準備弄得髒兮兮。

把寶寶固定在高腳椅上。

86 幫寶寶沐浴

教寶寶畫畫。

刺激視覺追蹤力。

提升深度知覺。

激勵寶寶活動。

讓寶寶自己吹。

用膠帶把雪糕棒黏在一起。

使用無毒彩色筆。

撕掉膠帶，打散。

把拼圖拼起來。

1 把箱子封起來。

2 裁出駕駛座和車門。

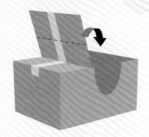

3 畫線並摺出擋風玻璃。

4 裁出擋風玻璃，用膠帶黏貼。

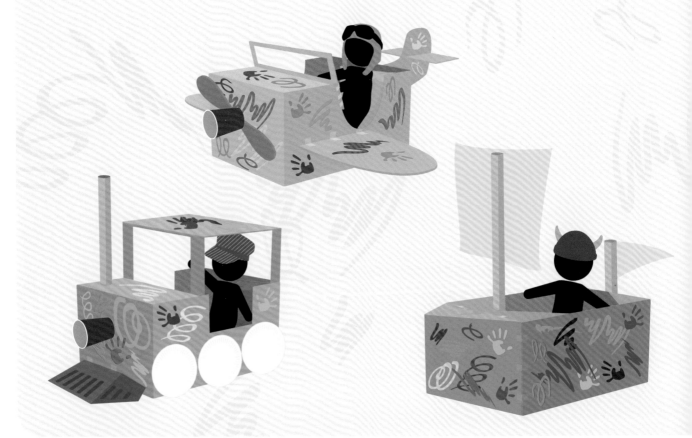

5 黏上紙盤做車輪。

6 裝上杯子做車燈。

7 量身訂做的烤漆。

8 加上內裝。

＊ 不要獨享所有樂趣。準備彩繪車身時，不妨讓孩子自己動手。

製作自己的專書

1 把紙剪下來，對摺。

2 把書頁縫起來。

3 剪下厚紙板。

4 厚紙板留出間隔，排在布料上。

152 親子共讀

選擇裝訂牢固的書。

看有臉孔的照片。

邊說邊演。

看圖說話。

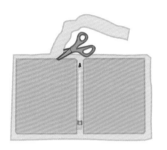

5 裁剪布料。

6 將厚紙板黏在布料上。

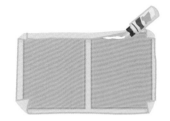

7 把包角摺好，黏起來。

8 黏好第一頁和最後一頁。

重讀寶寶喜歡的故事。

減少外在誘因。

把故事個人化。

使用音效。

寶寶喜歡聽的故事，就再說一遍，你可能
覺得無趣，但寶寶喜歡重複聆聽。

選擇場景。

讓寶寶當英雄。

說明任務。

壞人登場。

打敗壞人……

……用非暴力的手段。

任務達成。

從此過著幸福快樂的生活。

手影戲可以讓說故事時間變得更有趣、增添更多想像力。以下先介紹幾種動物，但你一定還可以創造更多出來。

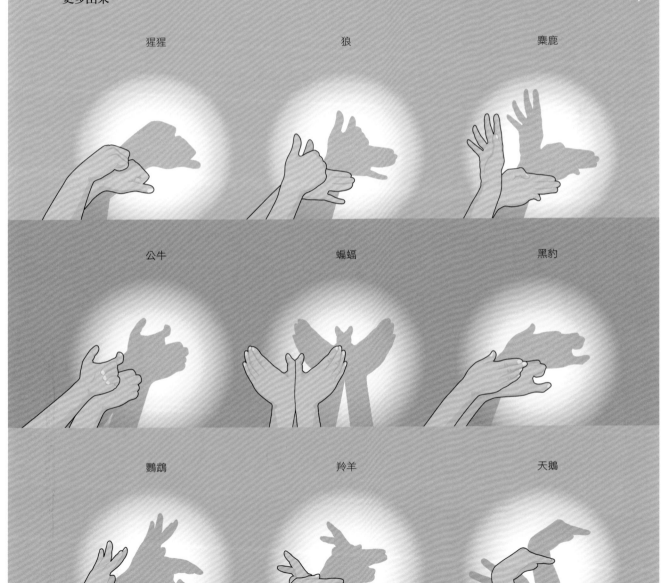

猩猩 　　 狼 　　 麋鹿

公牛 　　 蝙蝠 　　 黑豹

鸚鵡 　　 羚羊 　　 天鵝

時光膠囊是把寶寶的第一年回憶整理歸檔的有趣方法。（況且，把回憶埋在庭院裡，意謂衣櫃有更多收納空間！）等寶寶長得夠大了，把時光膠囊找出來會是一場很棒的冒險。所以，一定要把每樣物品收在密閉的收納箱裡——還有，藏寶圖可別弄丟了！

寶寶的畫作

族譜

寶寶誕生那天的報紙

新聞報

紀念品

全家福相簿

超音波圖

記錄寶寶聲音的錄音檔

畫藏寶圖 156

畫出後院的粗略模樣。

計算腳步距離……

……或者用全球衛星定位。

收妥藏寶圖。

工具圖示

 玩具

 電扇

 萊姆

 無毒膠水

 鴨嘴杯

 吸塵器

 洗澡海綿

 玩具

 拍嗝布

布料

 海帶

 短袖汗衫

 玩具

 剪刀

 無毒顏料

 切片蔬菜

 捷運地圖

 無毒彩色筆

 綠色蔬菜

 寶寶連身裝

 優格

 塑膠墊

 泡泡露

 小口食物

 奶粉

 洗手乳

 玩具

 洗臉巾

 玻璃碗

 油漆用膠帶

 玩具

 油漆

 食物泥湯匙

 汽車安全座椅

 木頭積木

 清潔劑

 瓶裝水

 寶寶睡衣

 塑膠杯

 比薩盒子

 寶寶衣物

 切碎的食物

 尿布包

 機票

 模版

 外套

 棉線

 玩具

 兒童用高腳椅

 玩具

 個人潤滑劑

 嬰兒濕紙巾

 圍兜

 熨斗

 番茄醬

 電影票

絕緣膠帶	男性雜誌	玩具	乳酪絲	果汁	油漆刷	紙箱	餅乾
蠟燭	嬰兒食品	球	花	枕頭	玩具	砂紙	雪糕棒
吸塵器	保險套	寶寶	撈網	電鑽	樹枝	燈座	動物餅乾
柔軟玩具	泡泡水	尿布	蛙鏡	坐墊	油漆刷	燈桿	三明治
包巾	玩具	火腿丁	球	塑膠水桶	插頭	木頭	零食
寶寶背巾	花束	支撐用墊子	鉗子	鍋子	厚紙板	作畫膠帶	抹布
塑膠鏟子	石榴糖漿	尿布疹護膚霜	螺絲起子	湯匙	厚紙板	口袋餅	束帶
男聲四重唱	指甲銼刀	野餐提籃	火柴	泥土	抹刀	原味吉利丁粉	毛巾

 無毒蠟筆　　 嬰兒洗髮精　　 紙盤　　 噴霧瓶　　 濾杓　　 家庭音響　　 啞鈴　　忍者裝

 橡皮鴨　　 紙　　 雞蛋　　 嬰兒澡盆　　 餅乾模具　　 大頭針　　 釘槍　　細筆刷

 鉛筆　　 領圈和袖口　　 母奶袋　　 鑽頭　　 隨身音響　　 指甲剪　　 耳機　　美工刀

 檸檬水　　 無毒膠水　　 保鮮袋　　 電動玩具　　 飲水杯　　 棉繩　　 手電筒　　 高對比的藝術品

 玩具　　 黑色簽字筆　　 零食　　 錫箔烤模　　 量匙　　 攪拌器　　 手機　　鐵絲衣架

 枕頭　　 奶瓶　　 熨燙轉印紙　　 鉗子　　 有柄湯鍋　　 衛星定位導航系統　　 盤狀器皿　　 智慧型手機

 書頁　　 廚房紙巾　　 冰塊　　 湯匙　　 油漆托盤　　 保險箱　　 尺　　 鏡子

 貝殼　　 手持化妝鏡　　 馬丁尼杯　　 膠帶　　 附蓋鍋具　　無毒食用色素　　 推車袋　　 彩色印表機

SHOW DAD HOW：
變身無敵奶爸圖解手冊

作　　者：蕭恩・賓

翻　　譯：許妍飛

特約編輯：許鈺祥

責任編輯：黃正綱

總 編 輯：張東君

美術編輯：徐曉莉　劉同彩

發行人：李永適

出版者：大石國際文化有限公司

地址：台北市羅斯福路4段68號12樓之27

電話：(02) 2363-5085

傳真：(02) 2363-5089

2011年（民100）11月初版

定價：新臺幣350元

本書正體中文版由 Weldon Owen Inc.

授權大石國際文化有限公司出版

版權所有，翻印必究

ISBN：978-986-87374-5-7（平裝）

＊ 本書如有破損、缺頁、裝訂錯誤，

請寄回本公司更換

總代理：大和書報圖書股份有限公司

地址：新北市新莊區五工五路 2 號

電話：(02) 8990-2588

傳真：(02) 2299-7900

國家圖書館出版品預行編目（CIP）資料

SHOW DAD HOW：變身無敵奶爸圖解手冊

蕭恩・賓作；許妍飛翻譯

-- 初版. -- 臺北市：大石國際文化，民100.11

144頁；20.3×20.9公分

譯自：Show dad how

ISBN：978-986-87374-5-7（平裝）

1.父親　　2.育兒

544.141　　　　　　　　　100020925

ILLUSTRATION CREDITS The artwork in this book
was a true team effort. We are happy to thank and acknowledge our
illustrators.

Front Cover: Tina Cash Walsh: toy, pacifier *Britt Hanson:* info people,
stroller *Paula Rogers:* changing diaper

Back Cover: Juan Calle (Liberum Donum): impregnate *Steve Balesta:*
mix formula *Gabhor Utomo:* make baby laugh

Key bg=background, fr=frames

Steve Baletsa: 21, 59–60, 70, 77–78 *Conor Buckley:*12 bg, 17, 24,
35–37, 70 bg, 112 bg, 119 bg, 140 bg, 143 bg, 151 *Juan Calle
(Liberum Donum):* 1–5, 11, 16, 18, 20 fr, 23, 30–32, 43–44, 49–51,
65–68, 71–73, 94–97 fr, 108–111, 112–113 fr, 125–126, 131–133,
153, 155–156 *Tina Cash–Walsh:* 76, 79, 82, 85–88 *Hayden Foell:*
13, 22 *Britt Hanson:* 19, 41, 62, 83, 90, 114, 135–138, 145 bg *Vick
Kulihin:* 27, 29, 34, 38, 40 *Raymond Larrett:* 69 *Rachel Liang:* 6, 45
Christine Meighan: 99, 139, 141, 143 *Paula Rogers:* 7, 12, 61, 63–64,
74–75, 80, 84, 120, 146, 148 *Ross Sublett:* 15 *Bryon Thompson:* 10
bg, 14, 20 bg, 81–82, 94–97 bg, 121–124, 150 *Lauren Towner:* 105,
115–116, 119, 134 *Gabhor Utomo:* 8–9, 10 fr, 26, 39, 46–48,
53–58, 84, 89, 93, 98, 101–104, 106–107, 117–118, 127–130, 140,
142, 144, 145 fr, 147, 149, 152
Mary Zins 25, 28, 33, 91, 100, 154

最後的叮嚀

希望你現在知道，十項全能的爸爸就像在喜馬拉雅山出沒的神祕雪人——你聽過牠們的存在，卻從未親眼目睹。只要一些訣竅（#69）、善用手邊資源（#131）和抽空休息（#106），我們都可以成為最棒的爸爸。展翅高飛吧——英勇的老爸歷險記（#153）正等著你！

關於Parenting ——
《養育》雜誌

《養育》是美國最具聲望的親職雜誌，提供為人父母者關於養育子女方面真誠而實際的建議，讓父母在善盡教養責任之餘，也能享有自己完整的生活。《養育》雜誌於1987年創刊，目前擁有超過200萬名訂戶，是「養育集團」的事業體之一，集團內還包括Parenting.com網站，及《孕事》（Conceive）、《兒語》（Babytalk）兩本雜誌。

嗨，爸！

我們的讀者個個才華洋溢、絕頂聰明，我們很希望了解各位的想法和建議，也很樂意收到大家展現獨家育兒術的照片或影片，你可能就有機會登上我們的網站，甚至在我們的下一本書中現身喔！

 可上網： www.showmenow.com

 來信請寄： SHOW ME TEAM
Weldon Owen Inc.
415 Jackson Street
San Francisco, California 94111